My First Bemba Counting Book

Colour and Learn 1 2 3

kasahorow

Paa Kojo Baffoe

0

zero

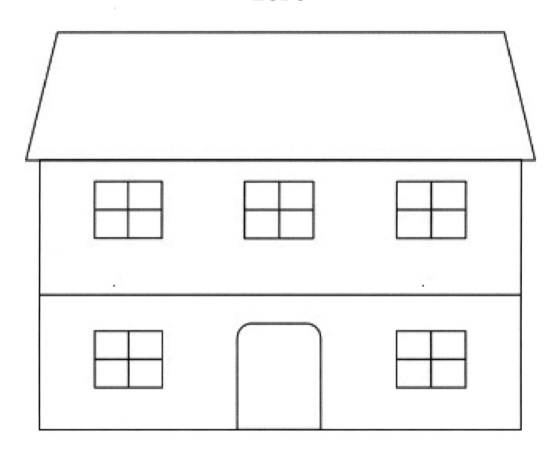

zero

1

mo

one

2

bili

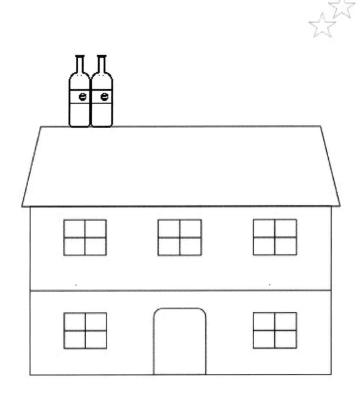

two

3

tatu

three

4

ne

four

5

sano

five

6

mutanda

six

7

cine lubali

seven

8

cine konse konse

eight

9

pabula

nine

10

ikumi

ten

11

ikumi na mo

eleven

12

ikumi na bili

twelve

13

ikumi na tatu

thirteen

14

ikumi na ne

fourteen

15

ikumi na sano

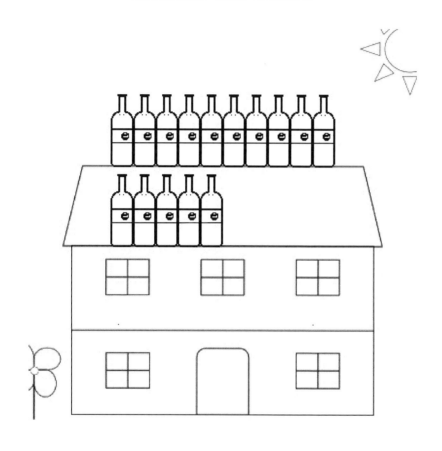

fifteen

16

ikumi na mutanda

sixteen

17

ikumi na cine lubali

seventeen

18

ikumi na cine konse konse

eighteen

19

ikumi na pabula

nineteen

20

amakumi yabili

twenty

Bemba kasahorow

0-7 years

- My First Bemba Dictionary
- My First Bemba Counting Book
- Bemba Children's Dictionary

8-12 years

- Modern Bemba Verbs
- Modern Bemba
- Bemba Learner's Dictionary

13+ years

- Modern Bemba Dictionary
- Read more. Search for **Bemba kasahorow**

help@kasahorow.org

Made in the USA
Columbia, SC
07 May 2023

16204548R00015